GIUSEPPE ARCIMBOLDO
ET LES TÊTES COMPOSÉES

— Un savant mélange de fantaisie
et d'érudition

par Anne-Sophie Lesage-Münch

50MINUTES

Avec la collaboration de Corinne Durand

GIUSEPPE ARCIMBOLDO

- **Naissance ?** Né en 1526 à Milan.
- **Mort ?** Décédé le 11 juillet 1593 dans la même ville.
- **Contexte ?** La Renaissance tardive, plus précisément la période maniériste, et les arts à la cour des Habsbourg au XVIe siècle.
- **Œuvres majeures ?**
    - *Les Quatre Saisons* (quatre tableaux peints en 1563)
    - *Les Quatre Éléments* (quatre tableaux peints en 1566)
    - *L'Homme-potager* (vers 1590)
    - *Les Quatre Saisons en une tête* (vers 1590)
    - *Vertumne* (1591)

Guiseppe Arcimboldo, artiste lombard de la seconde moitié du XVIe siècle, connaît une brillante carrière en tant que peintre et portraitiste à la cour des Habsbourg sous les règnes de Maximilien II (1527-1576) et de Rodolphe II (1552-1612). Si cette fonction le porte aussi bien à la réalisation de portraits officiels qu'à la création de décors éphémères ou à l'enrichissement des collections d'art et du cabinet de curiosités de l'empereur, il doit cependant sa notoriété à la grande inventivité de ses portraits composés, images allégoriques où la fantaisie s'allie à l'érudition.

Redécouvert au XXe siècle par les surréalistes, qui s'émerveillent de la modernité de son univers fantasmagorique, il est à présent reconnu comme une grande figure de la Renaissance tardive, et plus particulièrement du style maniériste. Succédant à l'art classique, le maniérisme connaît notamment une remarquable fortune à la cour de Rodolphe II à Prague.

Les dernières décennies ont vu naître de nouvelles interprétations de l'œuvre d'Arcimboldo et ont permis d'éclairer le contexte culturel et politique de son élaboration. Contrairement à ce que laisse supposer l'apparente légèreté de ses compositions, son style témoigne d'une intense recherche de naturalisme, ses thèmes s'ancrent dans une culture très élitiste, et son art témoigne de manière générale d'un goût prononcé pour le secret et l'étrange.

CONTEXTE

L'EUROPE DU XVIᵉ SIÈCLE, ENTRE CRISES ET MODERNITÉ

Conquérante et résolument tournée vers le Nouveau Monde, l'Europe du XVIᵉ siècle est le siège de profondes mutations économiques, politiques et sociales. Elle voit le développement du commerce international et du capitalisme moderne, qui favorise la croissance économique. Son paysage politique se transforme, et de grands royaumes émancipés du pouvoir de l'Église s'affirment progressivement, parmi lesquels l'empire de Charles Quint (1500-1558) ou le royaume de France. Le temps est à la modernisation des structures politiques et à la remise en question du pouvoir de l'Église, notamment à travers le mouvement de la Réforme, initié par le théologien Martin Luther (1483-1546) qui dénonce les abus de la papauté et du clergé.

Si les premières décennies du XVIᵉ siècle riment avec reprise économique, croissance démographique et révolution intellectuelle et culturelle, grâce à la diffusion des principes et des innovations de la Renaissance, la seconde moitié du siècle connaît quant à elle des jours plus sombres. Au lendemain du concile de Trente (1545-1563), qui fonde l'Église de la Contre-Réforme, les violences religieuses et les querelles doctrinales se multiplient. En France, les guerres de religion font rage et, aux Pays-Bas, les révoltes sont légion. Le sentiment grandissant d'insécurité, les nombreuses périodes de disette et d'épidémies, ainsi que le déclin des valeurs traditionnelles mènent inévitablement au développement de l'athéisme, du satanisme et à la reprise des chasses aux sorcières.

Sur le plan politique, l'abdication de Charles Quint en 1555 fait éclater l'empire des Habsbourg, dont la maison est dorénavant séparée en deux lignes distinctes, l'une espagnole, l'autre autrichienne. Le fils de Charles Quint, Philippe II (1527-1598), prend le titre de roi d'Espagne, tandis que son frère cadet, Ferdinand Ier (1503-1564), monte sur le trône impérial en 1556. Ses successeurs, Maximilien II et Rodolphe II n'auront de cesse de maintenir une paix trompeuse au sein du Saint Empire romain germanique, tout en favorisant son développement économique et culturel.

LA CONNAISSANCE ET LES ARTS À LA COUR DES HABSBOURG

Synonyme de contrastes et de bouleversements, le XVIe siècle connaît toutefois un important développement de la connaissance et des arts, en particulier autour des cours de Vienne et de Prague, qui connaissent un rayonnement sans précédent. Se faisant l'écho des préoccupations de son temps, Maximilien II encourage notamment les recherches en botanique et en zoologie. Il réunit autour de lui d'éminents chercheurs et érudits parmi lesquels le botaniste Charles de Lécluse (1526-1609), qui fait importer à la cour des espèces rares ou exotiques et charge certains artistes, dont Arcimboldo, d'en réaliser des illustrations scientifiques. Intéressé par la sculpture antique et la peinture de son temps, l'empereur enrichit également son cabinet d'art et de curiosités de nombreuses œuvres.

L'ESSOR DES CABINETS DE CURIOSITÉS

Les *Kunstkammer*, littéralement « chambres d'art », ou *Wunderkammern*, « chambres des merveilles », qui connaissent un grand succès aux XVIe et XVIIe siècles, comprennent des collections encyclopédiques à visée universelle. On y trouve aussi bien des livres que des œuvres d'art, et s'y entassent, sans distinction particulière, toutes sortes de spécimens du monde animal, végétal et minéral, d'instruments scientifiques et d'objets insolites, inattendus ou exotiques. Ces cabinets d'art et de curiosités constituent les ancêtres des musées modernes.

En 1576, Rodolphe II de Habsbourg, élevé à la cour d'Espagne, succède à son père et choisit bientôt d'abandonner Vienne pour résider définitivement à Prague. Passionné de sciences occultes, amateur d'art et fervent collectionneur, Rodolphe II fait de Prague, devenue la capitale du Saint Empire romain germanique, un des centres artistiques les plus importants d'Europe. Il attire à sa cour de nombreuses personnalités européennes d'envergure, lettrés et scientifiques, parmi lesquels Tycho Brahe (1546-1601), nommé mathématicien impérial, et son assistant Johannes Kepler (1571-1630). Il rassemble également autour de lui beaucoup d'artistes tels qu'Adriaen de Vries (vers 1545-1626), Bartholomeus Spranger (1546-1611), Hans von Aachen (1552-1615), Joseph Heinz (1564-1609) et bien sûr Arcimboldo dont les œuvres, diffusées dans toute l'Europe, font la célébrité de l'école de Prague.

Son cabinet de curiosités et de merveilles acquiert une réputation internationale, et est à l'origine de l'actuel Kunsthistorisches Museum de Vienne, dont il constitue une des plus importantes collections, la *Kunstkammer Wien*. D'une extraordinaire richesse, il comprend entre autres des objets naturels dits exotiques, c'est-à-dire étranges et bizarres, et des monstruosités de la nature comme des anomalies anatomiques ou des morceaux de métaux en forme de dragons. On y trouve également des fossiles, des fleurs indigènes, des mammifères naturalisés, des camées antiques, des collections de médailles ou encore des moulages d'après nature. Le cabinet de l'empereur tient lieu de laboratoire ouvert aux scientifiques, mais aussi d'atelier d'étude pour les artistes, peintres et décorateurs, qui peuvent ainsi y puiser toute l'inspiration nécessaire pour leurs œuvres et répondre pleinement au goût de la cour.

L'ART DE LA RENAISSANCE TARDIVE

Si on considère souvent la Renaissance à travers les œuvres de Giotto (vers 1266-1337), Donatello (vers 1386-1466), Léonard de Vinci (1452-1519), Michel-Ange (1475-1564) ou encore Raphaël (1483-1520), ce mouvement artistique et culturel connaît cependant différentes évolutions et interprétations.

On distingue traditionnellement la Première Renaissance (1330-1490), la Haute Renaissance ou Renaissance classique (1490-1530) et la Renaissance tardive (1530-1610), période à laquelle appartient l'œuvre de Guiseppe Arcimboldo. Dans toute l'Europe, la Renaissance tardive est dominée par le maniérisme, dont les prolongements donneront naissance à l'art baroque au siècle suivant.

Le terme « maniérisme », proposé au XXᵉ siècle par les historiens de l'art, vient de l'italien *maniera*, qui désigne le style d'un artiste, l'une de ses qualités essentielles selon Giorgio Vasari (1511-1574), l'auteur des *Vies des meilleurs peintres, sculpteurs et architectes* (1550 et 1568). Les artistes maniéristes, par exemple Domenico Beccafumi (1486-1551) et Pontormo (1494-1556) en Italie, Francesco Primaticcio (1504-1570) de l'école de Fontainebleau ou Bartholomeus Spranger à la cour des Habsbourg, cherchent à exacerber le style des grands maîtres, notamment Raphaël et Michel-Ange, en proposant de nouvelles formules. L'art maniériste prend ainsi ses distances avec l'esthétique et les idéaux de la Haute Renaissance tels que la mesure, l'équilibre, la perspective ou encore l'imitation de la nature, au profit d'une manière plus personnelle. Il s'agit d'un style cultivé, précieux et aristocratique qui engendre des œuvres sophistiquées, souvent complexes, fondées sur l'artifice et l'imagination.

Résolument ancrée dans ce contexte artistique, l'œuvre d'Arcimboldo peut être rattachée tant à l'école milanaise, influencée notamment par Léonard de Vinci et son disciple Bernardo Luini (vers 1485-1532), dont le style marquera durablement Arcimboldo, qu'à l'école de Prague, qui se développe autour de l'empereur Rodolphe II et de la richesse de ses collections d'art et de curiosités.

BIOGRAPHIE

DES ORIGINES MYSTÉRIEUSES

Notre connaissance de la vie d'Arcimboldo s'appuie en grande partie sur les écrits que l'artiste a commandés, voire dictés, à différents auteurs contemporains afin d'asseoir sa notoriété et d'assurer sa postérité critique. Si les informations au sujet de ses années passées à la cour des Habsbourg sont pour l'essentiel dignes de foi, sa prétendue origine noble est aujourd'hui remise en question. L'artiste affirme appartenir à la prestigieuse famille milanaise des Arcimboldo en recomposant une généalogie pour le moins mythique.

De plus, la date et le lieu de sa naissance ne peuvent pas, à ce jour, être identifiés avec certitude. Les historiens s'accordent cependant à dire qu'il serait né en Lombardie, dans la région de Milan, en 1526. C'est du moins ce que laisse supposer le célèbre *Autoportrait en papier*, un lavis daté de 1587 et conservé au Palazzo Rosso de Gênes, sur lequel l'artiste indique avoir 61 ans au moment de sa réalisation.

LES PREMIÈRES ANNÉES LOMBARDES

Guiseppe Arcimboldo est le fils du peintre Biagio Arcimboldo ou Arcimboldi qui assure sans doute sa formation initiale et aux côtés duquel il réalise ses premières œuvres. Son apprentissage est toutefois probablement pris en charge par un maître extérieur à la famille, comme cela était l'usage.

Entre 1549 et 1558, Arcimboldo réalise pour le Dôme de Milan plusieurs cartons de vitraux ainsi que différents travaux de décorations : armoiries, banderoles de procession, tabernacles, etc. Il aurait également travaillé avec son père sur le chantier des fresques de la cathédrale de Monza à partir de 1556 et on lui attribue le carton de la tenture de *La Dormition de la Vierge Marie* pour la cathédrale de Côme (1558-1560). La composition de cette dernière se révèle assez conventionnelle, ce qui témoigne de la formation classique de l'artiste, mais la richesse de la bordure, ornée de masques, de fleurs et de fruits, laisse deviner son habileté et sa fantaisie à venir.

Ces quelques attributions ne permettent pas de comprendre véritablement ce qui fait la célébrité de l'artiste au point d'éveiller l'intérêt de Maximilien de Habsbourg, qui le fait appeler à son service à la cour de Vienne en 1562. En effet, les productions picturales d'Arcimboldo durant ses premières années passées à Milan ne laissent aucunement imaginer qu'il est susceptible de devenir peintre de cour, une fonction qui suppose la maîtrise de la peinture de chambre et la réalisation de portraits officiels. Il semblerait donc que ce soit dans un tout autre domaine que l'artiste ait acquis une renommée suffisante pour le conduire à la cour impériale où il demeurera pendant 25 années.

ARCIMBOLDO, PEINTRE DE COUR

Appelé par Maximilien II, Arcimboldo passe ensuite au service de son fils, Rodolphe II, quittant Vienne pour Prague. Ses fonctions officielles touchent à différents domaines des arts et font de lui un acteur important de la vie culturelle à la cour des Habsbourg dans la seconde moitié du XVIᵉ siècle.

« Peintre et portraitiste de Sa Majesté l'empereur du Saint Empire », Arcimboldo a probablement pour tâche de copier ou de réaliser de nombreux portraits à fonction représentative. Pourtant, aucun de ceux qui nous parvenus et sont conservés au Kunsthistorisches Museum ne peut lui être attribué avec certitude. Quelques toiles sont cependant rapprochées de la touche du maître, parmi lesquelles le portrait de famille de Maximilien II, sa femme Marie et ses trois enfants (1563-1564) ou encore le portrait supposé de l'archiduchesse Marguerite (vers 1563). À l'évidence, Arcimboldo ne cherche pas à affirmer un style personnel dans ce domaine et se contente d'imiter les formules établies par ses prédécesseurs à la cour, en particulier Jakob Seisenegger (1505-1567).

C'est en réalité un tout autre genre de portrait qui fait la véritable originalité de l'artiste et assure sa postérité. En 1563, il réalise ses premières « têtes composées » et, en 1568, présente à l'empereur la série des *Saisons* (1563), puis celle des *Éléments* (1566). L'engouement de la cour pour ce type d'œuvres est immédiat ; les commandes et les imitateurs se multiplient rapidement.

MAÎTRE DES FESTIVITÉS ET CONSEILLER DES ARTS

Au-delà de l'art du portrait, Arcimboldo est également responsable des festivités de la cour. À ce titre, il organise les tournois et les joutes, mais également les feux d'artifice ou les jeux d'eau qui agrémentent le quotidien de la famille impériale. Il réalise aussi les décors éphémères dressés à l'occasion des mariages ou des couronnements et crée les costumes de la cour pour les fêtes déguisées. Le cabinet des dessins et des estampes de la galerie des Offices de Florence conserve ainsi un portfolio présentant 158 projets de costumes de la main d'Arcimboldo, réalisés en 1571 à l'occasion du mariage de l'archiduc Charles II (1540-1590) et de Marie de Bavière (1551-1608). Des études récentes tendent à prouver que c'est l'inventivité d'Arcimboldo dans ce domaine qui fit sa renommée et expliquerait même son appel à la cour des Habsbourg. Certains documents d'archives laissent en effet croire que l'artiste aurait déjà démontré son talent en la matière à l'occasion d'une fête de carnaval organisée à Milan en 1559, puis au mariage d'Éléonore de Habsbourg (1534-1594), la fille de l'empereur Ferdinand Ier, en 1561.

Enfin, Arcimboldo est également le conseiller artistique et le négociant d'art de Rodolphe II, en charge de la composition et de l'enrichissement des collections impériales. Cette proximité avec le cabinet d'art et de curiosités de la cour exerce une influence décisive sur la production picturale de l'artiste, qui trouve là une inépuisable source d'inspiration.

En 1580, l'empereur accorde à Arcimboldo un titre de noblesse en récompense de ses 20 années passées à son service.

L'ÉLABORATION D'UNE LÉGENDE

En 1587, Arcimboldo rentre définitivement à Milan où il retrouve ses anciens amis et collègues, émerveillés de ses récits sur les fastes et les folies de la cour impériale. Il travaille alors à construire sa légende et à s'assurer de sa renommée dans son pays natal.

Détaché de la cour, il continue cependant à travailler pour l'empereur en tant que négociant d'art et expert. Il peint également différents tableaux qui seront acquis par l'empereur et fait parvenir à Rodolphe II un portrait de ce dernier sous les traits du dieu romain Vertumne (vers 1590) qui lui vaut d'obtenir le titre de comte palatin en 1591. Sa dernière œuvre documentée est offerte au chanoine du Latran et consiste en un autoportrait allégorique, *Quatre Saisons en une tête* (vers 1590). Arcimboldo meurt le 11 juillet 1593 à l'âge d'environ 66 ans.

CARACTÉRISTIQUES

LES « TÊTES COMPOSÉES », UNE TRADITION ICONOGRAPHIQUE

Les « têtes composées » sont sans conteste les œuvres les plus caractéristiques de la production de Guiseppe Arcimboldo, bien qu'elles n'en représentent qu'une partie, à côté des portraits officiels ou des décors et costumes d'apparat qu'il conçoit pour les cérémonies de la cour. Ces portraits constitués d'éléments naturels ou d'objets emblématiques, mais également ses têtes réversibles (par exemple la *Tête réversible avec corbeille de fruits* ou *L'Homme-potager*, vers 1590), font aujourd'hui la grande popularité de l'artiste et leurs interprétations ne cessent de s'enrichir à mesure que leur contexte d'élaboration s'éclaircit.

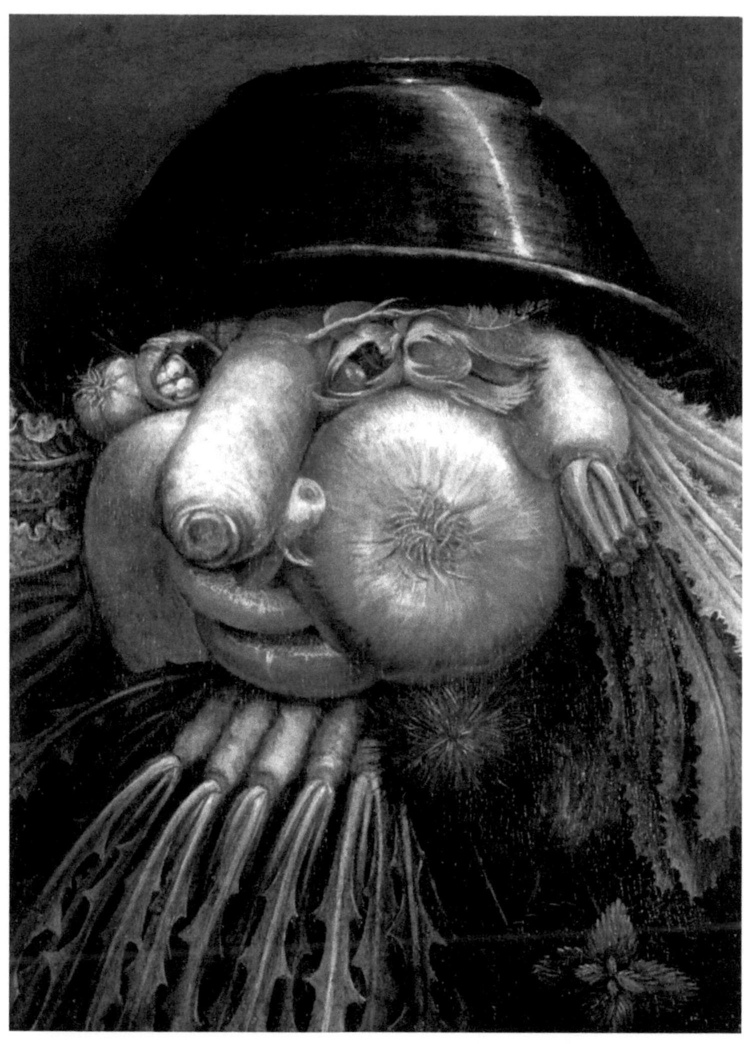

L'Homme-potager, vers 1590, huile sur panneau de bois, 35 x 24 cm, Crémone (Italie), Museo civico ala Ponzone.

Contrairement à ce qui semble communément admis, Arcimboldo n'invente pas ici un genre *ex nihilo* et les historiens de l'art n'ont eu de cesse d'identifier ses sources d'inspiration. On a tout d'abord invoqué des origines orientales, en particulier les peintures de l'Inde moghole ou les miniatures persanes, certains contacts étant attestés entre ces cultures et la cour des Habsbourg au XVIᵉ siècle. Rien ne permet cependant d'affirmer qu'Arcimboldo en ait eu connaissance.

On sait par ailleurs que la tradition gréco-romaine a elle-même donné naissance à une iconographie peuplée de créatures fantastiques, ou grylles, qui depuis la glyptique et la littérature s'est transmise à l'art de l'enluminure et aux plafonds peints à la période gothique. Les animaux imaginaires de Léonard de Vinci, composés à partir d'éléments empruntés à des animaux naturels, sont également les héritiers de cette tradition, et Arcimboldo en a probablement pris connaissance durant sa formation en Lombardie.

Le cabinet impérial comprenait en outre différents gemmes à décor de grylles, et les œuvres de Jérôme Bosch (vers 1450-1516), l'emblème renaissant (blasons et devises cryptés, bestiaire fantastique, etc.) ou encore les gravures satiriques diffusées par les protestants témoignent de la grande popularité de ces images au XVIᵉ siècle. À la même époque, des représentations humoristiques ou décoratives ornent également la vaisselle d'apparat ainsi que les tables de banquet, sous la forme de sculptures en sucre ou composées de divers aliments et condiments. Généralement, cet engouement pour les œuvres composites associant symboliquement des éléments disparates est lié à l'art de la satire et au goût du grotesque. Ces deux approches n'épuisent cependant pas la signification des portraits d'Arcimboldo.

L'ÉTUDE DE LA NATURE

Si les portraits officiels et les sujets religieux peints par l'artiste laissent deviner sa maîtrise des formules de l'art classique, ce sont ici encore ses représentations composites qui révèlent le mieux tout son talent de peintre de la nature. En effet, la signification, tantôt drolatique tantôt élégiaque, de ses portraits fantaisistes ne doit pas faire oublier leur indéniable qualité naturaliste. Des portraits tels que *La Terre* (vers 1570), *L'Automne* (1573) ou *Flore* (vers 1591) frappent ainsi par la précision de leurs détails et le réalisme quasi scientifique des espèces représentées.

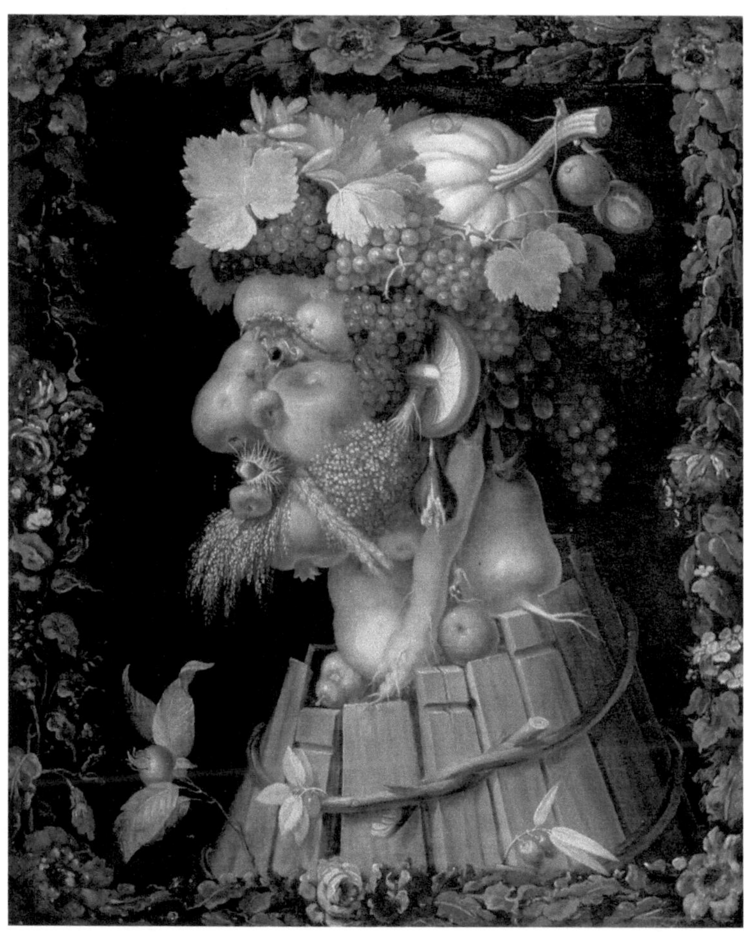

L'Automne, 1573, huile sur toile, 76 x 64 cm, Paris, musée du Louvre.

Ce qui vaut pour les *naturalia*, végétaux ou animaux, vaut également pour les *artificalia*, armes ou outils professionnels, que l'on retrouve notamment dans *Le Bibliothécaire* (vers 1562) ou *Le Sommelier* (1574).

Quant aux têtes réversibles, elles appartiennent en propre au genre de la nature morte, qui n'en est alors qu'à ses premiers balbutiements. À cet égard, la vogue des cabinets de curiosités et de merveilles, mais aussi l'essor des sciences naturelles au XVIe siècle, fournit des ressources iconographiques inépuisables à la peinture d'objets, considérée comme un inventaire de la nature.

Le réalisme des représentations d'Arcimboldo s'explique notamment par son accès constant au cabinet impérial et à ses riches collections d'animaux exotiques naturalisés, de métaux ou encore de minéraux en tous genres. Les jardins de la cour et leurs spécimens rares et exotiques offraient également un fantastique terrain d'étude à l'artiste. Enfin, notons que la Bibliothèque nationale autrichienne de Vienne conserve les études d'animaux et de plantes commandées par Maximilien II à Arcimboldo, autant d'illustrations scientifiques qui devaient certainement nourrir son imagination. Portraitiste de la nature, Arcimboldo doit toutefois sa renommée à l'extrême inventivité de ses compositions et à la richesse de leur symbolique.

ENTRE ÉLÉGIE ET ÉNIGME

Les portraits composés et les têtes réversibles d'Arcimboldo ne peuvent être tenus pour de simples caprices n'ayant d'autre finalité que l'amusement. Leur dimension satirique, si elle est bien présente, notamment dans *Le Bibliothécaire* ou *Le Sommelier*, n'exclut pas une interprétation politique et philosophique.

LES CAPRICES

Aux XVIIe et XVIIIe siècles, dans le domaine des beaux-arts, de la musique et de la littérature, le terme de « caprice » désigne un type bien particulier de création, pouvant également prendre le nom de fantaisie ou de bizarrerie. Emprunté à l'italien *capriccio*, désignant aussi bien le frisson d'horreur que l'idée fantasque, il renvoie à des œuvres dont l'inspiration et la réalisation s'écarte des règles et des conventions.

Arcimboldo est en effet un peintre de cour au service de l'empereur, et sa production dite « fantaisiste » se développe en complément de son travail de portraitiste officiel. Ses portraits composites, dont l'incongruité nous fait aujourd'hui sourire, doivent probablement être considérés comme des allégories politiques, des panégyriques du pouvoir impérial, au même titre que les masques et costumes qu'il concevait pour les fêtes déguisées de la cour. Les tableaux des *Saisons* et des *Éléments*, qui donnèrent également lieu à un ensemble de costumes, symbolisent ainsi la puissance universelle de l'empereur et l'harmonie du monde sous son règne. Le portrait de Rodolphe II sous les traits du dieu Vertumne se veut quant à lui une glorification du souverain comme maître de la nature.

La plupart de ses œuvres sont accompagnées de poèmes panégyriques et de commentaires rédigés notamment par l'humaniste Giovanni Battista Fonteo (1546-1580). D'abord destinés à louer la grandeur de l'empereur et de la maison des Habsbourg, ils permettent également d'exclure tout malentendu sur le sens caché de ces images allégoriques. Les différents éléments constituant les portraits d'Arcimboldo sont par ailleurs choisis avec une grande précision en fonction de leur valeur symbolique, qu'ils fassent directement référence au commanditaire (armoiries ou symboles héraldiques, outils professionnels, etc.), qu'ils soient empruntés à la mythologie ou à la tradition littéraire (divinités gréco-romaine, symbolique des fleurs, etc.) ou bien qu'ils s'apparentent à de véritables rébus, sortes de devinettes graphiques évoquant leur sujet. Ce principe de composition relève d'une véritable démarche rhétorique que le sémiologue Roland Barthes (1915-1980) décrit ainsi : « Tout signifie et cependant tout est surprenant. Arcimboldo fait du fantastique avec du très connu : la somme est d'un autre effet que l'addition des parties : on dirait qu'elle en est le reste. » (« Arcimboldo ou Rhétoriqueur et magicien », in *L'Obvie et l'Obtus*, Paris, Seuil, 1982, p. 132) À l'évidence, seul un public de lettrés pouvait apprécier les citations, codes et emprunts dissimulés dans ses représentations illusionnistes et ambiguës. Et c'est précisément le caractère très intellectualisé des œuvres d'Arcimboldo, allié à la fantaisie de ses compositions et à la soif de savoir qui s'en dégage, qui inscrit l'artiste dans le style maniériste de la fin de la Renaissance.

LE BIBLIOTHÉCAIRE

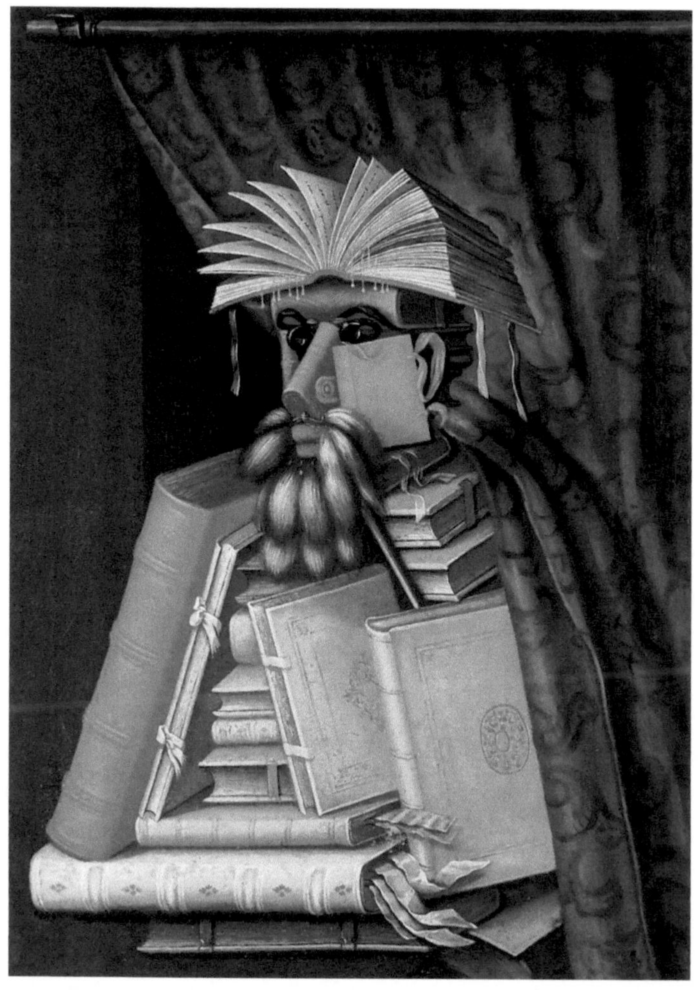

Le Bibliothécaire, vers 1562, huile sur toile, 97 x 71 cm, Suède, château de Skokloster.

Cette représentation a été identifiée comme un portrait du bibliothécaire Wolfgang Lazius (1514-1565), érudit en charge de la *Kunstkammer* de l'empereur ainsi que de la bibliothèque impériale et de la collection de numismatique. À première vue, et comme c'est le cas pour d'autres portraits de l'artiste tels que *Le Sommelier* ou *Le Juriste* (1566), le personnage est représenté par les objets et outils caractéristiques de sa fonction. Son buste et son visage sont formés par un empilement précaire de livres de formats différents et aux marque-pages savamment répartis figurant les doigts de la main droite. Des anneaux de clés, symboles de son rôle de gardien des collections, représentent ses yeux, tandis que sa barbe est évoquée par une grappe de plumeaux, nécessaires pour épousseter les ouvrages et les rayonnages.

Contrairement aux *Saisons* et aux *Éléments*, cette image semble avant tout satirique. L'accumulation excessive des ouvrages, le recours à un livre ouvert en éventail en guise de chevelure et les marque-pages pendants tournent en dérision la sagesse supposée du personnage. La présence du rideau tenant lieu de cape, dans lequel le bibliothécaire semble se draper, peut également être perçue comme un élément humoristique. Toutefois, symboliquement, le livre ouvert pourrait aussi représenter le savoir du bibliothécaire, en constant développement, tandis que les marque-pages sinueux de sa main droite évoqueraient sa pratique et son intime connaissance du fonds documentaire.

Outre l'aspect rétrospectivement moderne de cette représentation, qui n'est pas sans évoquer certains portraits de la phase dite hermétique du cubisme de Georges Braque (1882-1963) et de Pablo Picasso (1881-1973), l'œuvre se présente comme une variation sur les formules traditionnelles du portrait. En effet, si le sujet se veut fantaisiste et allégorique, la composition s'inscrit quant à elle dans la tradition classique : le personnage est représenté en buste, dans un cadrage élargi à la manière des portraits de Titien (vers 1488-1576) ; la figure est mise en valeur par un fond sombre et une perspective fermée qui concentre l'attention du spectateur au centre de l'image ; le rideau permet d'accompagner le regard de l'arrière-plan au premier plan défini par le bras droit, suivant les formules héritées de l'art italien et flamand. Cette toile associe donc le réalisme de la nature morte à la composition traditionnelle du portrait à mi-corps et le sujet allégorique à la satire.

VERTUMNE

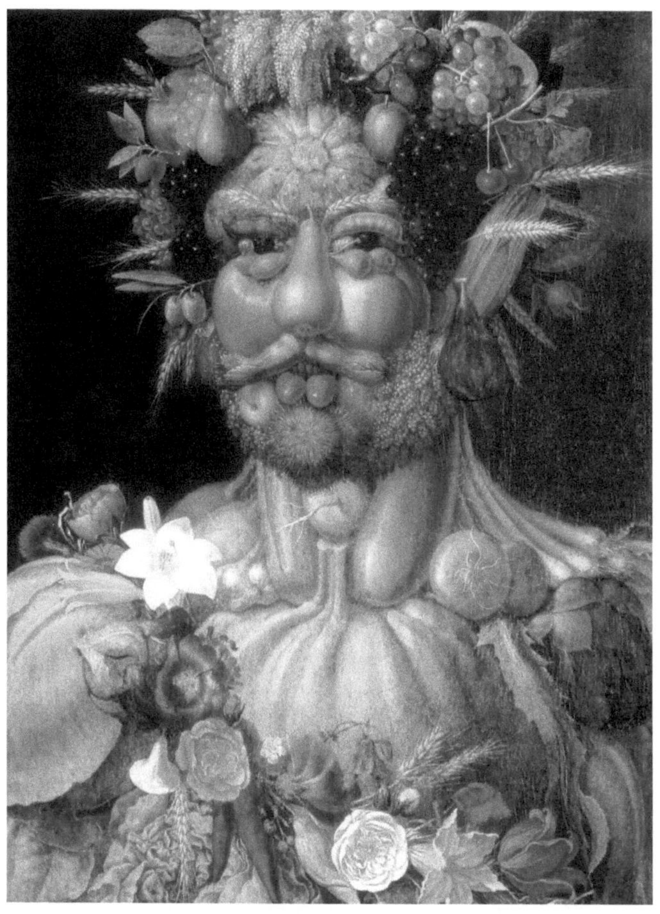

Vertumne, vers 1591, huile sur panneau de bois, 68 x 56 cm, Suède, château de Skokloster.

Arcimboldo réalise ce portrait de l'empereur Rodolphe II alors qu'il réside à Milan. Il lui fait parvenir à la cour de Prague durant l'hiver 1591, accompagné d'un recueil de poèmes élégiaques et explicatifs rédigés par son ami l'artiste Giovanni Filippo Gherardini. Ces textes précisent qu'il s'agit d'une représentation de l'empereur sous les traits de Vertumne, dieu romain des jardins, des vergers et des saisons dont l'origine remonte à la mythologie étrusque.

Le portrait, présenté dans un cadrage serré, figure un personnage en buste, de face, dont la tête et le torse sont constitués d'une grande variété de végétaux. Le tronc se compose quant à lui de différents types de raves, de cucurbitacées et de salades, assemblés dans un camaïeu de verts tendres. Il est orné d'une écharpe tressée de fleurs figurant une douzaine d'espèces différentes. Melon, pommes, poires et cerises forment la structure du visage quand la pilosité est évoquée par des épis de maïs et de blé. De petites baies et des cosses de pois donnent toute son expressivité, fière et solennelle, au regard du personnage. Enfin, sa coiffure, composée principalement de grappes de raisin rouge et blanc et agrémentée d'épis de blé, de grenades ou encore de groseilles, renvoie à la couronne d'un satyre ou du dieu du vin, Bacchus.

L'harmonie de l'ensemble et la complexité de la composition incitent le spectateur à scruter chaque élément indépendamment pour en identifier l'espèce, rendue avec un naturalisme savant. Cette impression d'unité exprime la nature même de Vertumne, qui garantit la succession des saisons et l'ordre naturel des choses. Elle renvoie symboliquement à la paix et à la prospérité du règne de Rodolphe II, ici associé à l'idée d'un âge d'or dont l'empereur serait la source et le garant. Par ailleurs, l'utilisation de la figure mythique de Vertumne suggère également une forme de domination de l'empereur sur la nature, dont il semble détenir les secrets et commander l'abondance.

LES QUATRE SAISONS EN UNE TÊTE

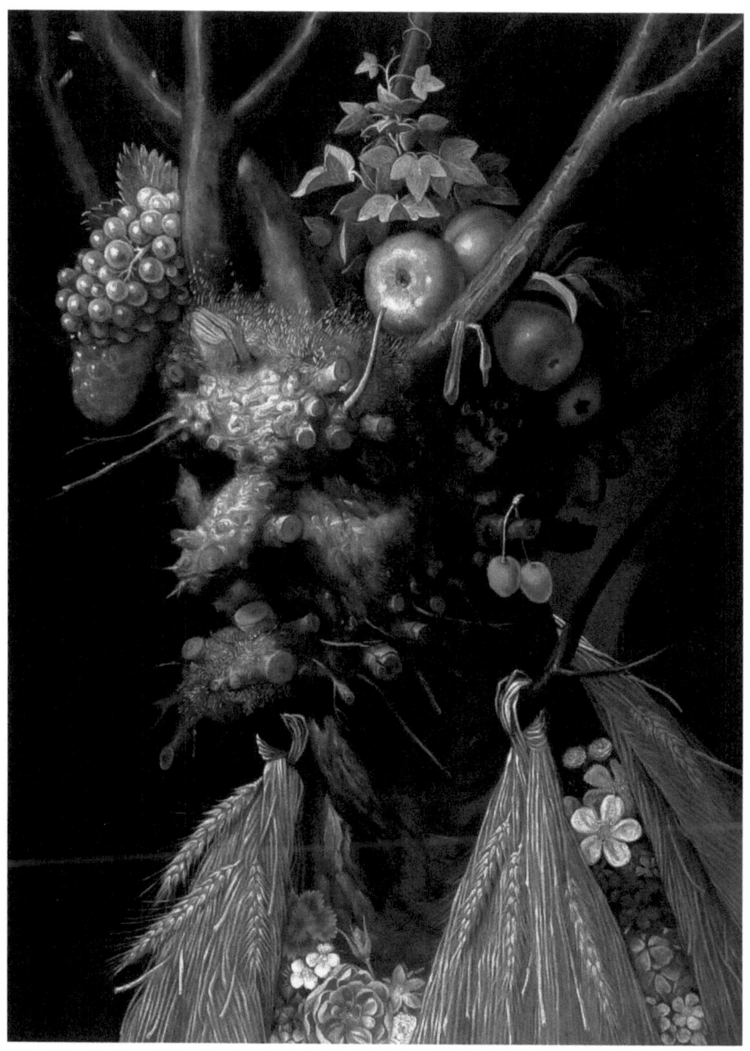

Les Quatre Saisons en une tête, vers 1590, huile sur bois de peuplier, 61 x 45 cm, Washington, National Gallery of Art.

Cette représentation anthropomorphe, redécouverte en 2006 dans une collection privée en Angleterre, est probablement un autoportrait de l'artiste, peint durant les dernières années de sa vie alors qu'il réside à Milan.

La composition s'organise autour d'une souche d'arbre noueuse couverte de mousse, comme c'était déjà le cas dans ses précédents portraits illustrant *L'Hiver* (1563 et 1573). Privée de la plupart de ses rejets, elle semble morte. Ses déformations permettent de dessiner la physionomie générale du personnage dont le menton et le nez sont formés de deux excroissances, tandis que les orbites sont figurées par des soulèvements d'écailles d'écorce. Le caractère anthropomorphe de la souche peut sans doute être rapproché des curiosités naturelles conservées dans la *Kunstkammer* impériale, dont les formes étranges prenaient involontairement sens pour l'esprit humain. Le faciès du personnage évoque ici clairement les têtes grotesques de Léonard de Vinci, et traduit probablement l'âge et l'état d'esprit du modèle.

La surface du visage, constellée de branches tronquées, présente un aspect monstrueux et renvoie au travail de taille d'un paysagiste. La coiffure est composée de branches retenant, comme en une corbeille, différents fruits d'automnes, pommes et grappes de raisin. Un rinceau de lierre s'entortille autour de l'une des branches verticales, unique signe de vivacité d'une nature tailladée, recomposée et ornementale. Le buste est quant à lui recouvert d'épis de blé évoquant un manteau et de fleurs de différentes variétés imitant la richesse d'un tissu brocardé.

Si chaque élément naturel est ici reproduit avec un évident naturalisme, l'unité de l'ensemble et la signification globale de l'image prennent le pas sur les détails de la composition. L'artiste apparaît sous les traits d'un vieillard, mais son manteau, son vêtement et l'ornement de son oreille, formés de fruits et de fleurs liés au printemps et à l'été, traduisent une forme de coquetterie et de vitalité persistante qui contraste formellement et symboliquement avec la souche centrale. Quant à sa tête, siège de l'esprit et de l'imagination, elle semble figurer la maturité du personnage grâce aux végétaux d'automne. Enfin, le lierre grimpant, par opposition aux grappes tombantes, semble évoquer un mouvement quasi spirituel, comme un ultime élan vital.

Cet autoportrait présumé évoque très certainement la série des *Saisons* réalisée par Arcimboldo pour la première fois en 1563. Cependant, il ne se présente pas comme une allégorie politique, mais plutôt comme une allégorie philosophique où la nature morte se fait vanité et méditation sur la mort à venir de l'artiste.

GIUSEPPE ARCIMBOLDO, UNE SOURCE D'INSPIRATION

Sans être reconnu comme un maître majeur, Arcimboldo fait l'objet, de son vivant, d'une reconnaissance internationale. Ses têtes composées et ses portraits anthropomorphes inspirent de nombreux artistes et graveurs. Les XVIIe et XVIIIe siècles voient donc se multiplier les images « archimboldesques » quand, dans le même temps, l'artiste et son œuvre tombent dans l'oubli. Ce destin s'explique notamment par le pillage du cabinet de l'empereur par des soldats suédois durant la guerre de Trente Ans (1618-1648). De nombreuses œuvres d'Arcimboldo sont alors transportées en Suède, où beaucoup se trouvent toujours, et la plupart de ses portraits disparaissent dans des collections privées.

Au XIXe siècle, les archivistes autrichiens redécouvrent le nom d'Arcimboldo, mais ils ne reconstituent pas pour autant son œuvre et n'éveillent pas non plus l'intérêt des historiens d'art. Ce n'est qu'au début du siècle dernier que les anamorphoses et les distorsions d'Arcimboldo attirent la curiosité de certains artistes du mouvement Dada puis du surréalisme. Max Ernst (1891-1976), André Breton (1896-1966) ou encore Salvador Dalí (1904-1989) voient alors dans ce peintre de cour milanais un précurseur, à l'instar de Jérôme Bosch ou de William Blake (1757-1827), considérés comme autant de « présurréalistes ». De fait, si les portraits composés d'Arcimboldo ne relèvent ni de l'inconscient ni de l'onirique, thèmes privilégiés du surréalisme, ils témoignent néanmoins d'un attrait évident pour la fantasmagorie et l'illusion. L'exposition *Fantastic Art, Dada, Surrealism* qui se tient au MoMA en 1937 confère ainsi à Arcimboldo le titre de « grand-père du surréalisme et de l'art fantastique » et consacre sa position de précurseur de la modernité. Le catalogue de l'exposition reproduit d'ailleurs en vis-à-vis une tête réversible d'Arcimboldo et le *Visage paranoïaque* (1935) de Dalí.

Cette reconnaissance, qui ne prend cependant en compte qu'une partie de l'œuvre de l'artiste, initie de nombreuses recherches sur son œuvre. Mais il faudra encore quelques décennies aux historiens pour reconstituer l'ensemble de sa production et le contexte socio-culturel qui lui donna naissance. Deux expositions récentes (*L'Effet Arcimboldo*, à Venise en 1987, et *Giuseppe Arcimboldo*, à Paris et à Vienne en 2007-2008) témoignent du travail scientifique qui a été réalisé autour de la vie et de l'œuvre d'Arcimboldo.

Aujourd'hui, après plusieurs siècles d'oubli, l'art de cet artiste hors du commun est largement connu du grand public et son style est abon-damment diffusé dans la culture populaire, comme en témoignent certaines créations de l'art contemporain : la série du photographe américain Klaus Enrique, les sculptures monumentales du Jardin botanique de New York créées par l'artiste et cinéaste américain Philip Haas, les assemblages de Freya Jobbins ou encore les nom-breuses campagnes publicitaires adoptant le « style Arcimboldo » (par exemple la campagne Perrier Citron de 1988).

EN RÉSUMÉ

- Né en 1526 à Milan, Arcimboldo est un peintre maniériste de la seconde moitié du XVIe siècle, période de la Renaissance tardive.
- Formé dans sa ville natale, où il réalise des peintures religieuses et conçoit des objets d'art décoratifs, il fait cependant carrière à la cour des Habsbourg. En 1562, il devient peintre de cour au service de l'empereur Maximilien II à Vienne, puis de Rodolphe II à Prague.
- Il demeure à Prague pendant plus de 20 ans, réalisant de nombreux portraits officiels et fantaisistes, organisant les cérémonies et festivités de la cour, et travaillant à l'enrichissement des collections d'art de l'empire ainsi que du cabinet de curiosités de l'empereur.
- Il doit son succès et sa renommée à l'inventivité de ses portraits anthropomorphes alliant la fantaisie à l'érudition. Ses têtes composées et ses figures réversibles sont des allégories politiques, philosophiques ou morales qui se caractérisent par le naturalisme des éléments représentés et leur caractère sophistiqué.
- L'interprétation des portraits anthropomorphes d'Arcimboldo exige une connaissance approfondie du contexte culturel et artistique dans lequel ils furent réalisés. L'humanisme, l'essor des sciences naturelles et le goût de la Renaissance tardive pour le fantastique sont autant de clés de lecture de son œuvre.
- Arcimboldo, tombé dans l'oubli au XVIIe siècle, n'a été redécouvert qu'au siècle dernier par les artistes surréalistes qui ont vu en lui un précurseur. Il compte aujourd'hui parmi les artistes les plus populaires de la Renaissance et les plus largement connus du grand public.

POUR ALLER PLUS LOIN

SOURCES BIBLIOGRAPHIQUES

- *Arcimboldo, 1527-1593. Nature and Fantasy*, catalogue d'exposition (Washington D.C., National Gallery of Art, 19 septembre 2010-9 janvier 2011), consulté le 04/02/2015.
  http://www.nga.gov/exhibitions/2010/arcimboldo/arcimboldo_brochure.pdf
- BARTHES (Roland), « Arcimboldo ou Rhétoriqueur et magicien », in *L'Obvie et l'Obtus*, Paris, Seuil, 1982, p. 122-138.
- EVANS (R.J.W.), « The Imperial Court in the Time of Arcimboldo », in *The Arcimboldo Effect*, New York, Abbeville, 1987, p. 35-53.
- FERINO-PAGDEN (Sylvia) (dir.), *Arcimboldo. 1526-1593*, catalogue d'exposition (Paris, musée du Luxembourg, 2007-Vienne, Kunsthistorisches Museum, 2008), Genève, Skira, 2007.
- GIRARDET (Sylvie), *Les Tableaux rigolos d'Arcimboldo*, Paris, RMN, 2004.
- KAUFMANN (Thomas Da Costa), *The Mastery of Nature. Aspects of Art, Science and Humanism in the Renaissance*, Princeton, Princeton University Press, 1993.
- KAUFMANN (Thomas Da Costa), *Visual Jokes, Natural History, and Still-Life Painting*, Chicago, University Of Chicago Press, 2010.
- KRIEGESKORTE (Werner), *Arcimboldo*, Cologne, Taschen, 2000.

SOURCES ICONOGRAPHIQUES

- ARCIMBOLDO (Giuseppe), *L'Automne*, 1573, huile sur toile, 76 x 64 cm, Paris, musée du Louvre. La photo reproduite est réputée libre de droits.

- Arcimboldo (Giuseppe), *Le Bibliothécaire*, vers 1562, huile sur toile, 97 x 71 cm, Suède, château de Skokloster. La photo reproduite est réputée libre de droits.
- Arcimboldo (Giuseppe), *Les Quatre Saisons en une tête*, vers 1590, huile sur bois de peuplier, 61 x 45 cm, Washington, National Gallery of Art. La photo reproduite est réputée libre de droits.
- Arcimboldo (Giuseppe), *L'Homme-potager*, vers 1590, huile sur panneau de bois, 35 x 24 cm, Crémone (Italie), Museo civico ala Ponzone. La photo reproduite est réputée libre de droits.
- Arcimboldo (Giuseppe), *Vertumne*, vers 1591, huile sur panneau de bois, 68 x 56 cm, Suède, château de Skokloster. La photo reproduite est réputée libre de droits.

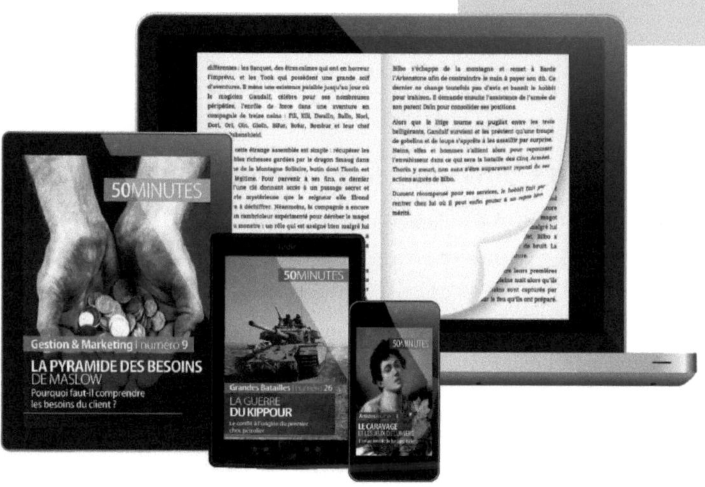
50MINUTES
Art & Littérature
Business & Economics
Histoire & Société
SOYEZ LÀ
OÙ ON NE VOUS ATTEND PAS !
www.50minutes.com

www.50minutes.com

Éditeur responsable : Lemaitre Publishing
Rue Lemaitre 6 | BE-5000 Namur
info@lemaitre-editions.com

ISBN ebook : 978-2-8062-5840-3
ISBN papier : 978-2-8062-5841-0
Dépôt légal : D/2015/12603/20
Photo de couverture : © *Les Quatre Saisons en une tête* (vers 1590), par Giuseppe Arcimboldo.

Conception numérique : Primento,
le partenaire numérique des éditeurs